3me THÉATRE FRANÇAIS

SON IDÉE PREMIÈRE
SON BUT, SON TITRE, SA RAISON D'ÊTRE

EXTRAITS DES DIVERS ARTICLES DE LA PRESSE

SUR

L'AMOUR ET L'ARGENT

COMÉDIE EN QUATRE ACTES, EN VERS

DE

M. ERNEST DE CALONNE

Représentée pour la première fois sur la scène du
Théâtre-Français (1, place du Château-d'Eau, boulevard du Temple, 41.)
le 29 Août 1877.

PARIS

TYPOGRAPHIE MORRIS PÈRE ET FILS
64, RUE AMELOT, 64

1877

TROISIÈME THÉATRE FRANÇAIS

OUVRAGES REPRÉSENTÉS DEPUIS LE 28 OCTOBRE 1876

AUTEURS INCONNUS

L'Ombre de Déjazet, prologue d'ouverture de **M. Delair**.

La Pupille, comédie en 4 actes, de **M. Estienne**.

L'Hôte, comédie en 1 acte, en vers, **Ch. Tournay**.

L'Obstacle, comédie en 5 actes, en prose, **V. Kerváni et Pierre l'Estoile**.

L'Eternelle comédie, 1 acte, en prose, **Ach. Eyraud**.

Les Patriotes, drame en 5 actes, en prose, **L. Cousin**.

Mademoiselle Guérin, comédie en 4 actes, en prose, **Pierre d'Alvy**.

Les deux Baisers, comédie en 1 acte, en prose, **E. de Calonne**.

Pierrot ermite, comédie en 1 acte, en vers, **H. Gréville**.

La Lectrice, comédie en 4 actes, en prose, **E. Constant**.

L'Epingle, comédie en 1 acte, en prose, **M. Douay**.

Le Dernier jour de Socrate, drame en 1 acte, en vers, **M. Joffroy**.

Marie de Prébère, comédie en 3 actes, en vers, **E. Maillard**.

La Provinciale, comédie en 4 actes, en prose, **Vicomte de Létorière**.

Les Oiseaux des Tournelles, comédie en 1 acte, en prose, **Comte de Saint-Jean**.

Corneille amoureux, comédie en 1 acte, en vers, **Ch. Tournay**.

L'Amour et l'Argent, comédie en 4 actes, en vers, **E. de Calonne**.

Une Maîtresse femme, comédie en un acte, en prose, **Eug. Amalric**.

TROISIÈME THÉATRE FRANÇAIS

SON IDÉE PREMIÈRE

SON BUT, SON TITRE, SA RAISON D'ÊTRE

En 1867, M. Ballande, désireux de répandre dans une certaine classe la connaissance des chefs-d'œuvre classiques de la scène française, inaugura, salle du Château-d'Eau, devant un public nombreux, des lectures accentuées et raisonnées de ces chefs-d'œuvre. Leur succès le décida à les continuer à la salle des Conférences de la rue de la Paix.

L'expérience lui prouvant l'insuffisance du commentaire et de la lecture à faire ressortir les beautés scéniques de ces chefs-d'œuvre, il pensa à transformer le commentaire en conférence et la lecture en représentation. C'est de ce double et naturel développement de son idée première que sont nées les matinées littéraires.

Le succès de ces matinées fut énorme. Il décida messieurs les Directeurs des théâtres de Paris à imiter M. Ballande, mais en retranchant la conférence de leur programme, c'est-à-dire en faisant du spectacle de jour. Ces spectacles devinrent pour les matinées littéraires une concurrence d'autant plus sérieuse que le public, plus avide, en général, de distractions que d'instruction, déserta insensiblement la scène où elles avaient lieu pour les autres scènes; de plus, M. Ballande était obligé de louer une salle, des décors, des costumes, et de donner des cachets aux artistes, représentant des appointements souvent considérables, en tous cas de beaucoup supérieurs à un trentième d'appointements mensuels, tandis que messieurs les Directeurs ayant à leur disposition salle, décors, costumes, artistes et employés pour leurs représentations du soir, il en résultait entre leurs frais et les siens une différence qui rendait la lutte impossible. Il s'est donc trouvé réduit à la pénible extrémité d'abandonner ses matinées et de laisser ses concurrents jouir seuls de la moins utile partie de son idée, puisqu'ils ne lui en avaient pris que la partie amusante, en en proscrivant la partie utile; — mais, dans cette extrémité, déjà assez pénible, on l'avouera, M. Ballande n'était pas libre de se retirer d'une lutte devenue ruineuse pour lui. En effet, il se trouvait lié avec messieurs les Directeurs du théâtre de la Porte-St-Martin par un bail ayant encore huit ans de durée. Heureusement qu'en le signant, il avait prévu les concurrences qu'il subissait, le tort qu'elles pourraient lui faire et qu'il avait introduit dans ce bail un cas de rupture conçu en ces termes :

« Dans le cas où M. Ballande deviendrait directeur d'un
« théâtre de Paris, le présent bail pourrait être rompu, mais
« à son gré seulement. »

Cet article était clair; M. Ballande se vit forcé de l'invoquer et d'y recourir. M. E. Legouvé disait de lui : C'est un homme qui meurt d'une idée qui enrichit ses rivaux.

Cette extrémité une fois acceptée, subie, M. Ballande dut songer au genre qu'il jouerait. Ce genre pouvait-il être autre que celui qui a eu les préférences de toute sa vie d'artiste, et dont les matinées littéraires étaient la plus haute expression? — Mais quel nom donner à son théâtre? Il dut en chercher un qui fût un programme : il prit celui de *Troisième Théâtre Français*, parce qu'il lui sembla répondre au but qu'il se proposait. Il le crut modeste, on le trouva présomptueux. En le blâmant de l'avoir pris on lui dit qu'il aurait mieux fait de l'appeler *Théâtre-Ballande*. C'est alors, selon lui, qu'on eût pu l'accuser de présomption en lui voyant substituer son nom à celui d'une comédienne d'un grand talent et justement célèbre. Comme il était parfaitement convaincu que, quelque titre qu'il prît, ce titre ne pouvant avoir qu'un caractère essentiellement littéraire, il ne serait point accepté sans protestation, il se décida pour celui qui répondait le mieux à ses intentions, et qu'il ne désespérait point de justifier. L'a-t-il fait? Là est la question.

Quel peut être le but du Troisième Théâtre-Français? De représenter des œuvres qui peuvent être de premier ordre, mais qui peuvent être au-dessous du second, à la condition cependant qu'elles renfermeront de sérieuses qualités. On trouvera plus loin les noms des œuvres d'auteurs inconnus, ainsi que celles des œuvres du nouveau et de l'ancien répertoire, représentées au Troisième Théâtre-Français, en neuf mois d'exploitation.

Nous aimons à penser que la lecture de ce tableau et que le succès exceptionnel de *L'Amour et l'Argent*, cette comédie si distinguée, si bien interprétée par une jeune et vaillante troupe, et qui, peut-être, n'eût jamais été jouée, si le Troisième Théâtre-Français n'eût existé, convaincra nos lecteurs de son utilité, et leur donnera une juste idée des services qu'il est appelé à rendre, dans l'avenir, aux jeunes auteurs comme aux jeunes comédiens, en voyant ceux qu'il leur a rendus en si peu de temps, et qui suffisent déjà, croyons-nous, à justifier son titre.

Avant de prendre le titre de Troisième Théâtre-Français, l'ancien Théâtre-Déjazet a été complétement transformé. La scène a été élargie et exhaussée; le plafond a été refait et élevé de 2 mètres. Telle qu'elle est, la salle est une des plus élégantes de Paris, et surtout des plus confortablement installées : il y a des tapis haute laine dans les escaliers, le foyer du public, les corridors, dans toutes les loges. Les ouvreuses et les employés sont des plus convenables ; leur tenue est celle de l'Opéra.

La salle contient 1,042 places numérotées. Elle est merveilleusement disposée pour l'acoustique, car on entend de partout on ne peut mieux.

PRIX DES PLACES

	BUREAUX	EN LOCATION
AVANT-SCÈNE DU REZ-DE-CHAUSSÉE, DES PREMIÈRES ET PREMIÈRES LOGES DE FACE.	4 fr.	5 fr.
FAUTEUILS D'ORCHESTRE, DE PREMIÈRE GALERIE, BAIGNOIRES ET LOGES DE COTÉ.	3 fr.	3 fr. 50
STALLES D'ORCHESTRE, FAUTEUILS DE LA DEUXIÈME GALERIE ET AVANT-SCÈNE DES DEUXIÈMES.	1 fr. 50	2 fr.
PARTERRE..........................	1 fr.	1 fr. 25
STALLES DES DEUXIÈMES..............	» 50	» 75

OPINION DE LA PRESSE

SUR

L'AMOUR ET L'ARGENT

Tout cela est honnêtement déduit, présenté avec force. Il est impossible de ne pas louer un travail si consciencieux, si honorable, et qui par endroits même touche au supérieur.

Francisque SARCEY.

Le Temps, 3 septembre.

En jouant des œuvres comme *L Amour et L'Argent,* M. Ballande permet aux honnêtes gens de passer une soirée agréable, pendant laquelle ils entendront célébrer dignement le foyer, l'amour et le désintéressement.

Henri DE LAPOMMERAYE.

La France, 31 août.

M. Ernest de Calonne est un chercheur, un artiste convaincu, un grand travailleur ; il a enfin obtenu devant le public un vrai succès.

Théodore DE BANVILLE.

Le National, **3 septembre.**

C'est à ce même théâtre inédit que nous devons la comédie de M. Ernest de Calonne, *L'Amour et L'Argent,* ont le succès a si brillamment inauguré la saison qui commence. — La pièce est d'une sincérité pleine d'émotion et de charme. L'on s'y sent vivre avec un cœur et un esprit d'honnête homme, revenu à l'ingénuité des premières impressions pour donner à son œuvre toute la fleur de sentiment, toute l'eloquence d'honnêteté qui devaient en être le parfum et la vie. La pièce est jouée avec un soin qu'elle mérite. Bref, le succès est très-grand pour tout le monde : auteur, directeur, acteurs.

Edouard FOURNIER.

La Patrie, **3 septembre.**

La comédie en quatre actes et en vers : *L'Amour et L'Argent* a obtenu mieux qu'un succès d'estime. — La comédie de M. de Calonne est intéressante ; il s'en dégage un parfum d'honnêteté qui va au cœur ; on se sent dans une atmosphère élevée et pure.

Clément CARAGUEL.

Débats, **17 septembre.**

Il a fallu reconnaître que la comédie de M. de Calonne allait droit son chemin, affirmant des mérites peu communs.

cte en acte, de scène en scène, on s'est laissé tout-à-fait gagner, et, somme toute, on a unanimement prêté les mains à un brillant succès.

Jean BERTRAND.

La République française, 3 septembre.

On a beaucoup applaudi, et, après tout, l'on n'a pas eu tort car la comédie très-honnête de M. Ernest de Calonne est remarquablement interprétée.

. . . .

Somme toute, grand succès pour le Troisième Théâtre-Français.

Auguste VITU.

Le Figaro, 30 août.

Les théâtres rouvrent leurs portes. C'est celui que dirige M. Ballande qui a donné le signal par un succès. *L'Amour et L'Argent* est une pièce honnête, estimable dan toute la force du terme et que le public a accueillie avec une bienveillance méritée.

Armand SILVESTRE.

Estafette, 3 septembre.

Le succès de *L'Amour et L'Argent* a été très-vif. Il y a un rare sentiment de l'honnêteté dans ces vers. C'est l'œuvre d'un poète convaincu et d'un honnête homme. L'accueil du public, qui vibre si facilement, quoi qu'on dise, aux beaux sentiments, ne pouvait être douteux. Le succès a été très-réel.

Jules CLARETIE.

La Presse, 3 septembre.

Le Troisième Théâtre-Français vient de représenter, avec un très-sympathique et très-honorable succès, une comédie en quatre actes et en vers de M. Ernest de Calonne. On l'écoute avec un intérêt soutenu. Elle attache toujours et elle émeut quelquefois par son accent honnête et sincère, par la cordialité chaleureuse de ses sentiments et de ses idées.

Paul DE SAINT-VICTOR.

Le Moniteur universel, 3 septembre.

L'Amour et L'Argent est un très-grand succès, et il faut s'en réjouir, non-seulement par sympathie pour l'auteur et pour le théâtre, mais encore parce que la pièce est une œuvre franchement honnête et estimable et que les occasions sont rares d'en applaudir de pareilles.

Jacques GUILLAUME.

L'Ordre, 4 septembre.

La comédie de M. de Calonne est une œuvre honnête. Les bonnes pensées et les beaux vers y abondent.

Charles DEULIN.

Le Pays, 31 août.

Ces tirades sont bien frappées, elles étincellent de beaux vers et se terminent comme il convient sur la phrase et sur le mot à effet. Le thème, bien présenté, fait plaisir. La pièce a beaucoup réussi; c'est qu'il y règne un souffle si vivant et si généreux ! Cette charmante comédie a été interprétée d'une façon remarquable.

DEULIN DE LA MOUSELLE.

Le Pays, 3 septembre.

Le Troisième Théâtre-Français a bien commencé avec une comédie vraiment digne d'une scène littéraire. La pièce est pleine d'excellents sentiments, de scènes éloquentes.

E. DE BIÉVILLE.

Le Siècle, 3 septembre.

Le public a fait une véritable fête aux vaillantes tirades du marin Henri Duchesne. On a beaucoup applaudi, **et** j'ai vu, pour ma part, des lettrés, des connaisseurs, des délicats qui n'étaient pas les derniers à applaudir.

Léon BERNARD-DEROSNE.

Courrier de France, 4 septembre.

Nous laissons au lecteur le soin de juger quand il aura vu la pièce, car c'est positivement là une pièce qu'il faut voir.— Facilement et souvent bien écrite, toute remplie de mots vigoureusement soulignés par l'auditoire, intéressante et parlant au cœur par des sentiments nobles et généreux, cette pièce a été hier un franc et véritable succès pour le Troisième Théâtre-Français. Elle a, de plus, l'immense qualité, si rare aujourd'hui, d'être d'une irréprochable moralité.

Norbet DE JÉHAN.

La Défense, 31 août.

Le succès de *L'Amour et L'Argent* a été très-vif, très-spontiné. Ce serait faire acte de mauvaise foi que de nier le talent solide, sain, généreux, sympathique de M. de Calonne.

Daniel BERNARD.

L'Union du 3 septembre.

Hâtons-nous de reconnaître que le public lui a fait fort bon accueil. Des vers bien frappés, quelques saillies heureuses ont décidé du succès de la soirée.

Bien Public, 31 août.

Les vers en sont généralement bien pensés et bien venus et le public a fait un accueil des plus chaleureux aux tirades honnêtes du nouveau Rodolphe contre l'argent et les hommes d'argent.

François OSWALD.

Le Gaulois, 31 août.

Il y a dans cette pièce des idées généreuses, des pensées élevées, qui ont suffi à en assurer le succès.

Albert DELPIT.

La Liberté, 3 septembre.

Bref, succès brillant et de bon aloi.

Le Soir, 31 août.

Elle est ingénieuse, l'aimable comédie de M. de Calonne, l'idée en est aussi originale que scénique.

Emile MENDEL.

Paris-Journal, 1er septembre.

M. de Calonne écrit bien les vers. Il trouve des images tour à tour vigoureuses et remplies de gracieuses couleurs. *L'Amour et L'Argent,* mis en scène avec beaucoup d'intelligence, est aussi bien joué au Troisième Théâtre-Français qu'il l'eût été hez M. Montigny. M. Ballande, l'ennemi né de l'opérette, mérite de grands éloges pour les efforts accomplis par lui, chaque jour, dans le but de relever l'art sérieux.

Alfred AUBERT.

Le Soleil, du 1er septembre.

L'Amour et l'Argent est une œuvre honnête, pleine de sentiments élevés.

Le Français, du 3 septembre.

En somme, grand succès pour le Troisième Théâtre-Français ; M. Ballande peut être content.

BAPARDI.

L'Assemblée nationale de 1848, du 2 septembre.

Hip ! hip ! hip ! hurrah ! trois fois hurrah pour M. Ballande et son Troisième Théâtre-Français! Les voilà enfin lancés l'un et l'autre sur la voie du succès. M. Ballande vient de prendre une éclatante revanche. Donc, *L'Amour et L'Argent*, pièce en quatre actes et en vers de M. de Calonne, est un très-honorable et très-légitime succès. Il est bon d'ajouter que l'interprétation de la pièce est au-dessus de tout éloge. Tous les artistes ont droit, en effet, à une part très-légitime dans le très-grand succès de la soirée.

JACK-ASS.

Droit du peuple, 2 septembre.

Il y a çà et là du souffle et de la chaleur dans les vers, une grande honnêteté les inspire, et quelques scènes gracieuses et spirituelles animent le sujet.

Le Rappel, du 1er septembre.

De belles maximes et de grands éloges de la générosité, du désintéressement et de la vertu, traduits en bonne langue et faisant vibrer la fibre sensible chez le spectateur...... Telle a été la tâche que s'est imposée l'auteur en écrivant *L'Amour et L'Argent*, ainsi que la donnée de cette pièce fortifiante, bourrée de morale et d'honnêteté, pleine de convenance et de décence.

L'Amour et L'Argent a été une belle première pour M. Ballande et sera un succès facile au troisième Théâtre-Français.

Victor COCHINAT.

Petite Presse, du 1er septembre.

L'argent n'est pas tout en ce monde ; l'honneur, le dévouement, l'amour y doivent aussi tenir leur place.

...Le public a fêté ces sentiments généreux. On est toujours sûr de lui plaire en lui parlant ainsi. On a beaucoup applaudi. Voilà une aimable ouverture de la saison nouvelle pour le théâtre de M. Ballande.

Jules Claretie.

Petit Journal, 31 août.

Voilà certainement la meilleure pièce que M. Ballande ait donnée depuis qu'il a pris la direction du Troisième Théâtre-Français. Aussi, la salle entière n'a-t-elle pas marchandé les bravos hier soir. La claque était bien inutile..... M. de Calonne a trouvé de chaleureuses tirades et de nombreuses réparties fines et spirituelles, qui ont su tenir en haleine, jusqu'au baisser du rideau, un public généralement peu enthousiaste de pièces en vers. Au total, bonne pièce, bonne interprétation et brillant succès.

Le Télégraphe,, du 31 août.

Nous espérons que l'œuvre de M. de Calonne aura de nombreuses représentations et que cette pièce honnête, où les nobles sentiments abondent, et sont parfois exprimés d'une façon très-heureuse, trouvera le meilleur accueil près du public.

Mario.

Le Mémorial diplomatique, du 1er septembre.

Je ne saurais dire l'agréable soirée que j'ai passée en écoutant cette charmante comédie qui, d'un bout à l'autre, est pleine de sentiments élevés, simples et nobles, et nous faisait oublier les adultères, les viols et les assassinats, dont notre théâtre contemporain regorge depuis plusieurs années. Une œuvre pareille, c'est mieux qu'une bonne pièce, c'est une bonne action.

Spiridion.

Phare de la Loire, 8 octobre.

Cette pièce est supérieure aux deux tiers des pièces qui ont été jouées depuis bien longtemps au Gymnase.

· Il y a des scènes excellentes, et que le public a reconnues assez neuves et assez chaleureuses d'inspiration pour les soutenir de très-vifs applaudissements. L'œuvre est en vers ; c'est le vers du théâtre, simple, souple et, de temps à autre, bien frappé en sentences ou traversé par un souffle d'éloquence qui n'est pas trop déclamatoire.

Gustave Bertrand.

Le Nord (Journal international de Bruxelles), 1ᵉʳ septembre.

Le public m'a paru très-satisfait. Il a applaudi à tout rompre ; il a souri à de véritables traits d'esprit, et il a rappelé les artistes à plusieurs reprises. J'en félicite M. Ballande qui ouvre avec un véritable succès.

Edmond Benjamin.

La Revue Théâtrale illustrée, du 8 au 15 septembre.

La représentation n'a été pour les vers de M. de Calonne, dont quelques-uns sont marqués au bon coin, qu'une longue série d'applaudissements.

Revue et Gazette des Théâtres, 2 septembre.

Ce qui charme d'abord dans cette comédie, c'est la mora lité qui en est le fond, ce sont les pensées honnêtes qui la fleurissent... C'est en termes énergiques et bien trouvés que Henri Duchesne flétrit les faiseurs d'affaires qui ont une bourse à la place du cœur ; c'est en vers heureux, originaux, nerveux, que Hector Duchesne défend les théories dissolvantes de la priorité de l'argent sur les vertus, et c'est en termes charmants que Jeanne et Angèle plaident chacune sa cause... Au demeurant, c'est un succès d'auteur et d'acteurs.

Maître JACQUES.

Le Monde Artiste, 1er septembre.

Le public vient de consacrer définitivement la dénomination de Troisième Théâtre-Français, que M. Ballande avait bravement arborée au fronton de son théâtre. Nous venons d'y voir jouer une vraie pièce par de vrais artistes. Cette pièce, qui a obtenu un grand succès, est en outre supérieurement jouée. Il y a plus d'un mot heureux et, qui mieux est, plus d'un mot émouvant. Résumons-nous : une excellente réouverture, une bonne pièce, une bonne interprétation, un grand succès !

Arthur VERNEUIL.

Orchestre, 9 septembre.

Cette troupe offre, dès à présent, un ensemble des plus satisfaisants et, dans bien des théâtres même d'un ordre supérieur, on ne rencontre pas toujours une homogénéité aussi parfaite... Quelques beaux vers, quelques tirades généreuses et bien dites ont fait partir de véritables fusées d'applaudissements.

Fernand Bourgeat.

L'Entr'acte, 31 août.

Grâce au ciel, justice enfin va être rendue à notre vieil ami, et ce avec une honnête pièce en vers qui a obtenu sans fracas un véritable succès.

Adolphe Rosay.

Mode actuelle, 15 septembre.

Nous serions trop entraîné s'il nous fallait citer les tirades qui ont soulevé l'enthousiasme. Nous avons cité les plus gracieuses. Il en est de bien frappées, qui modèlent la pensée de l'auteur comme un moule le fait d'une médaille. Elles ont été fort appréciés et applaudies.

M. Ballande tient un succès; nous le félicitons sincèrement.

C. Léonard.

Finance nouvelle, 20 septembre.

3345 — Paris. Typ. Morris père et fils, rue Amelot, 64.

REPRISES

François le Champi, drame en 3 actes, en prose, George
 Sand.

La Lampe de Davy, drame en 1 acte, en vers, Kristien
 Ostrowski.

Le Doute et la Croyance, drame en 1 acte, en vers, J.-M.
 Cournier.

Le Trait d'Union, comédie en 1 acte, en prose, Gabriel
 Mendoce.

Une Famille en 1870=1871, comédie-drame en 5 actes, en
 prose, J.-M. Cournier.

RÉPERTOIRE CLASSIQUE

Le Dépit amoureux, de Molière.

Le Tartufe, de Molière.

Le Médecin malgré lui, de Molière.

Le Misanthrope, de Molière.

L'Amant bourru, de Monvel.

Le Menteur, de Corneille.

Les Plaideurs, de Racine.

L'Avare, de Molière.

Phèdre, de Racine.

Andromaque, de Racine.

Le Barbier de Séville, de Beaumarchais.

Le Philosophe marié, de Destouches.

Le Légataire universel, de Regnard.

Le Cid, de Corneille.

A L'ÉTUDE

Pour succéder à l'*Amour et l'Argent*, le Charlemagne de M. Fabert dont M. Paul Féval a dit, dans une conférence au Théâtre de la Porte-Saint-Martin : l'auteur de cette œuvre, inconnu la veille de la première représentation, pouvait être célèbre le lendemain.

Cette œuvre, réellement remarquable, sera montée avec ce soin et cet ensemble que le Troisième Théâtre-Français apporte à toutes celles qu'il joue et avec une richesse d'accessoires, de costumes et de décors.

____

7 — 42   Paris, Typ. Morris père et fils, rue Amelot, 4.